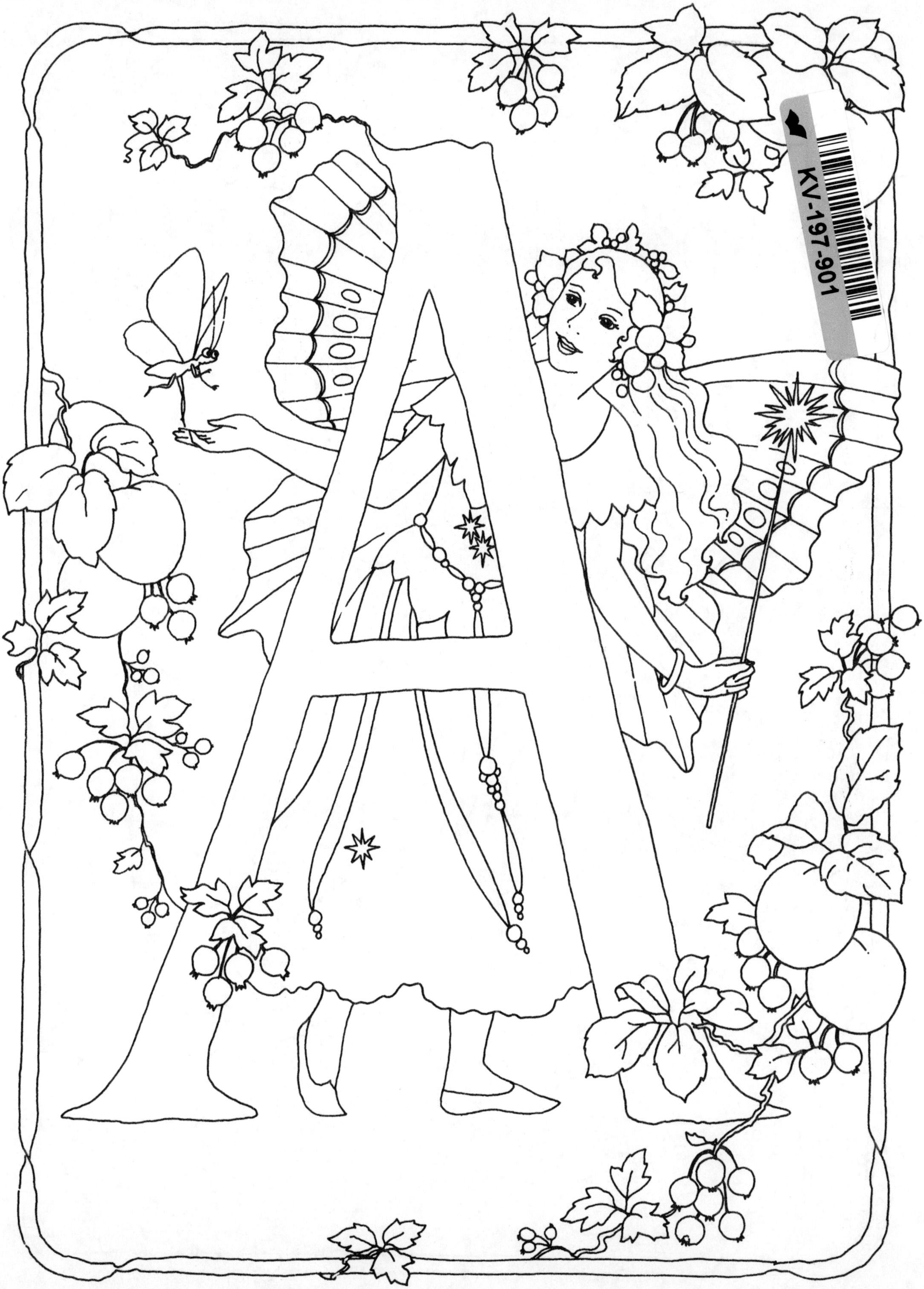

KV-197-901

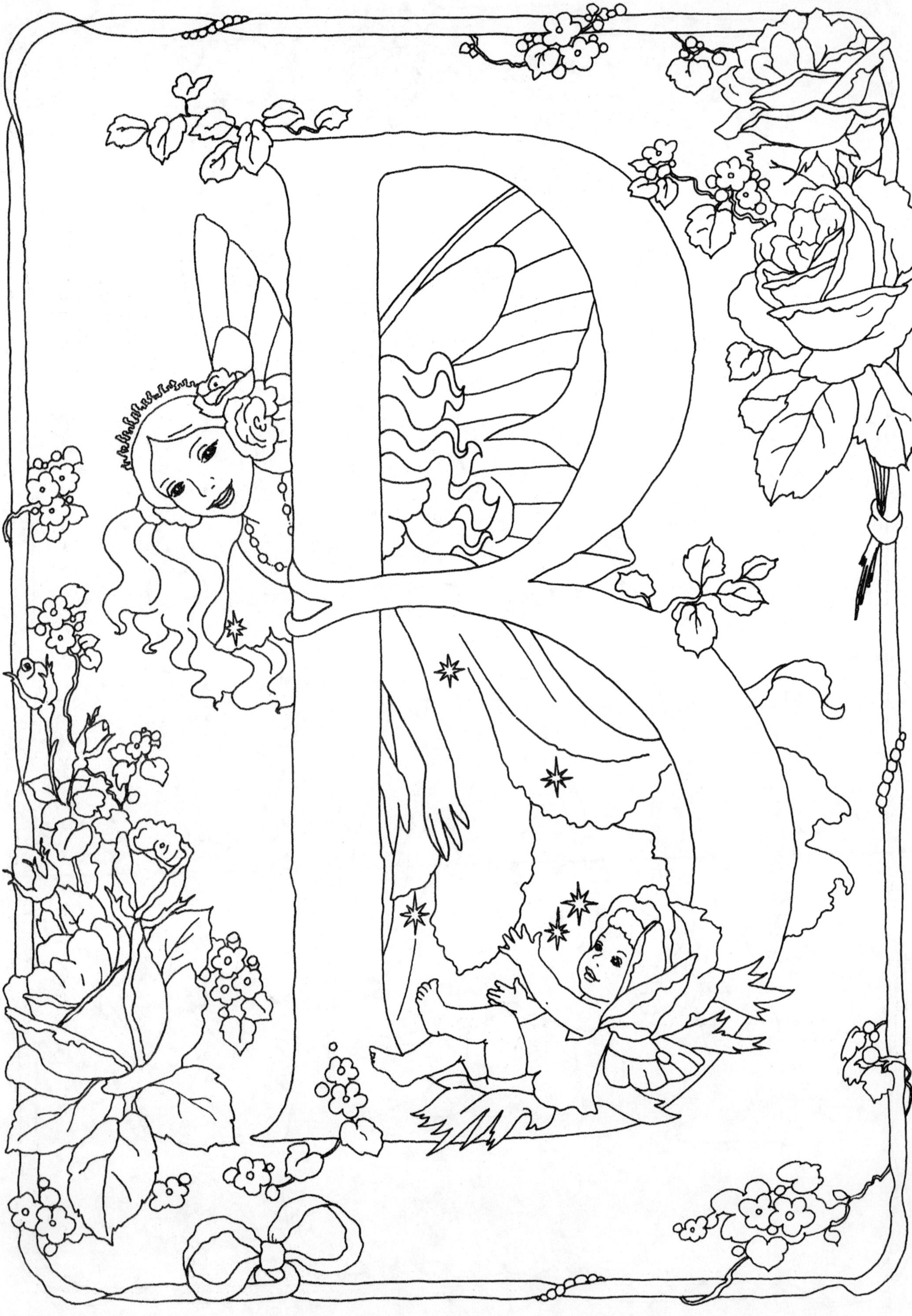

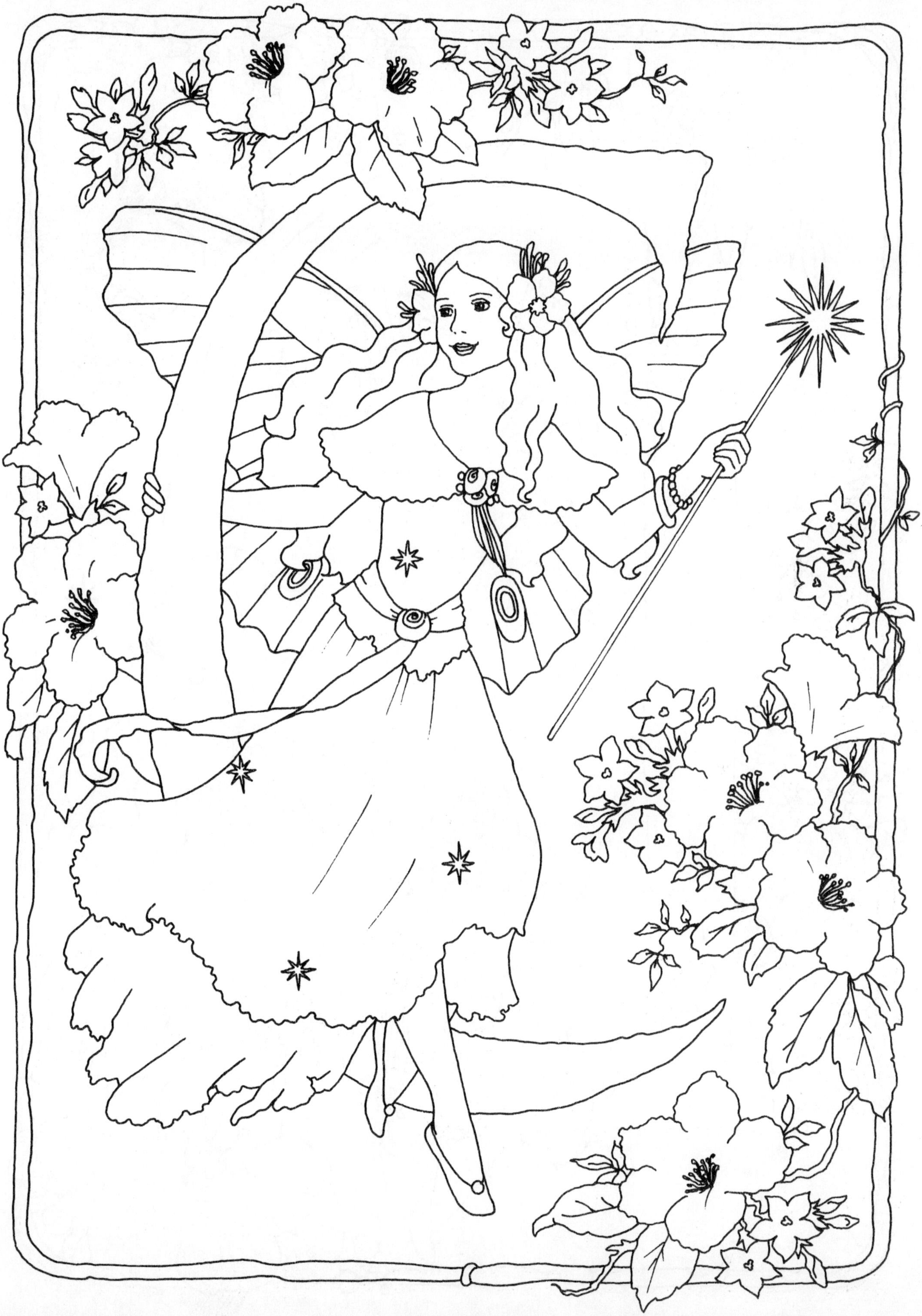

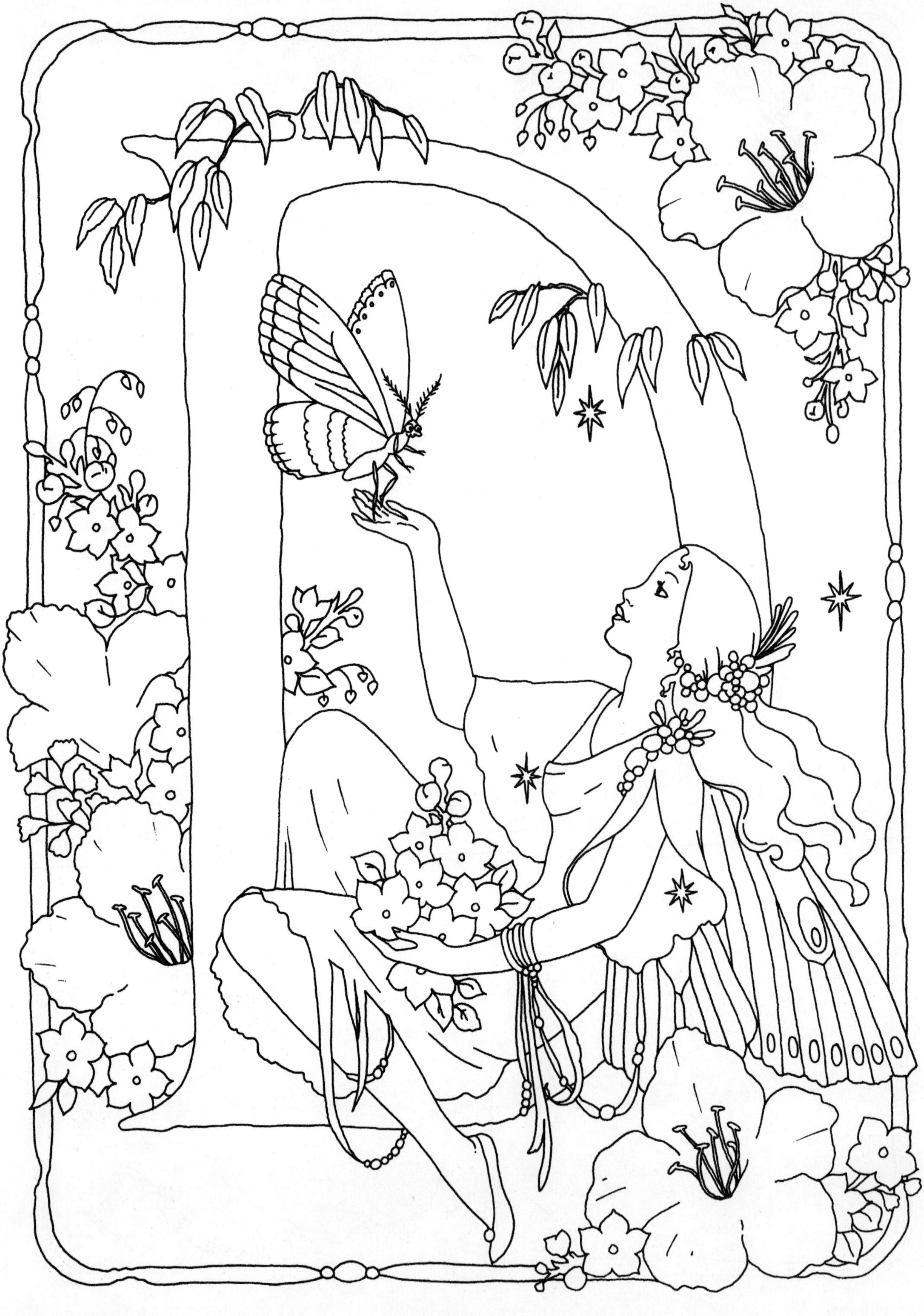

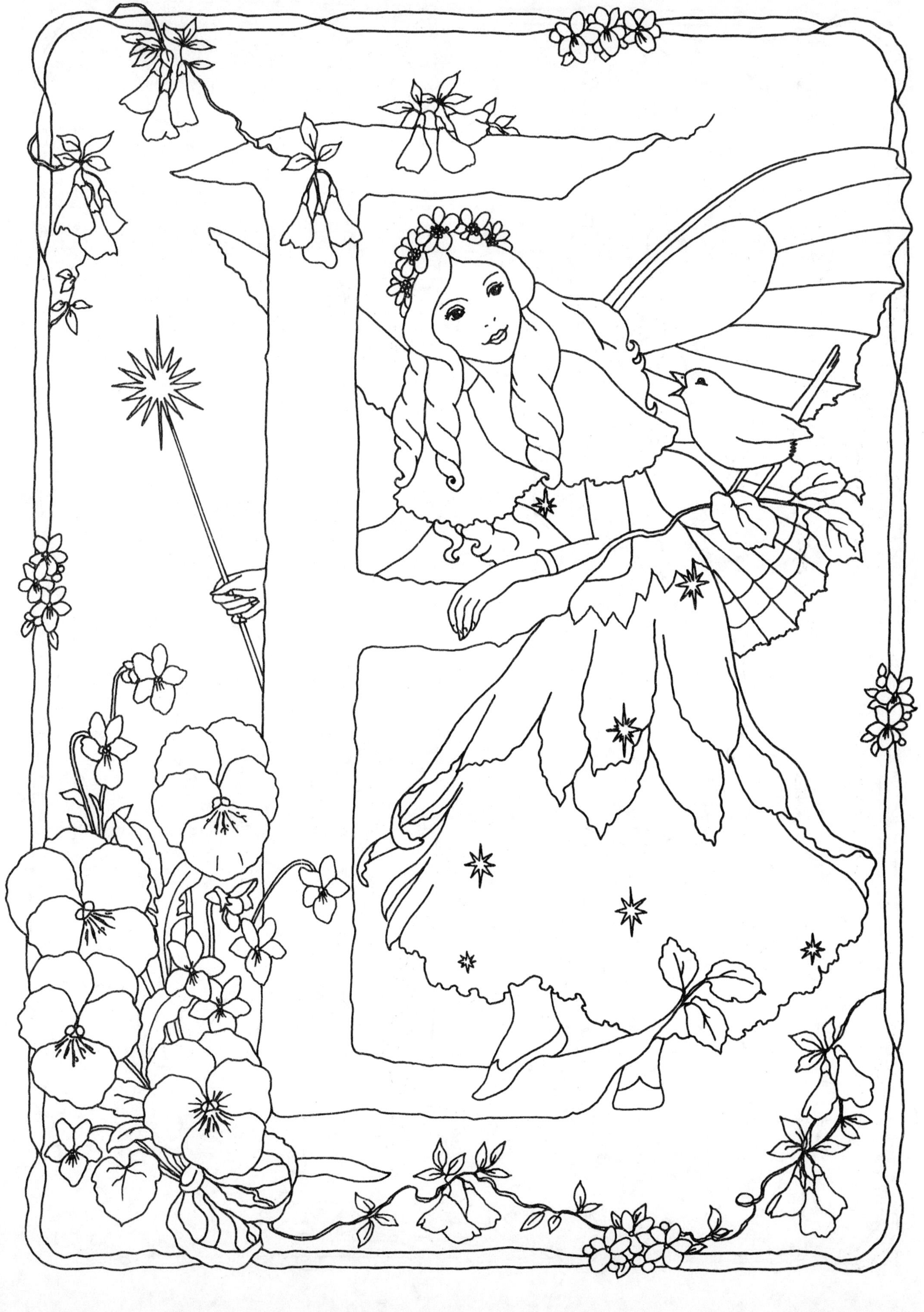

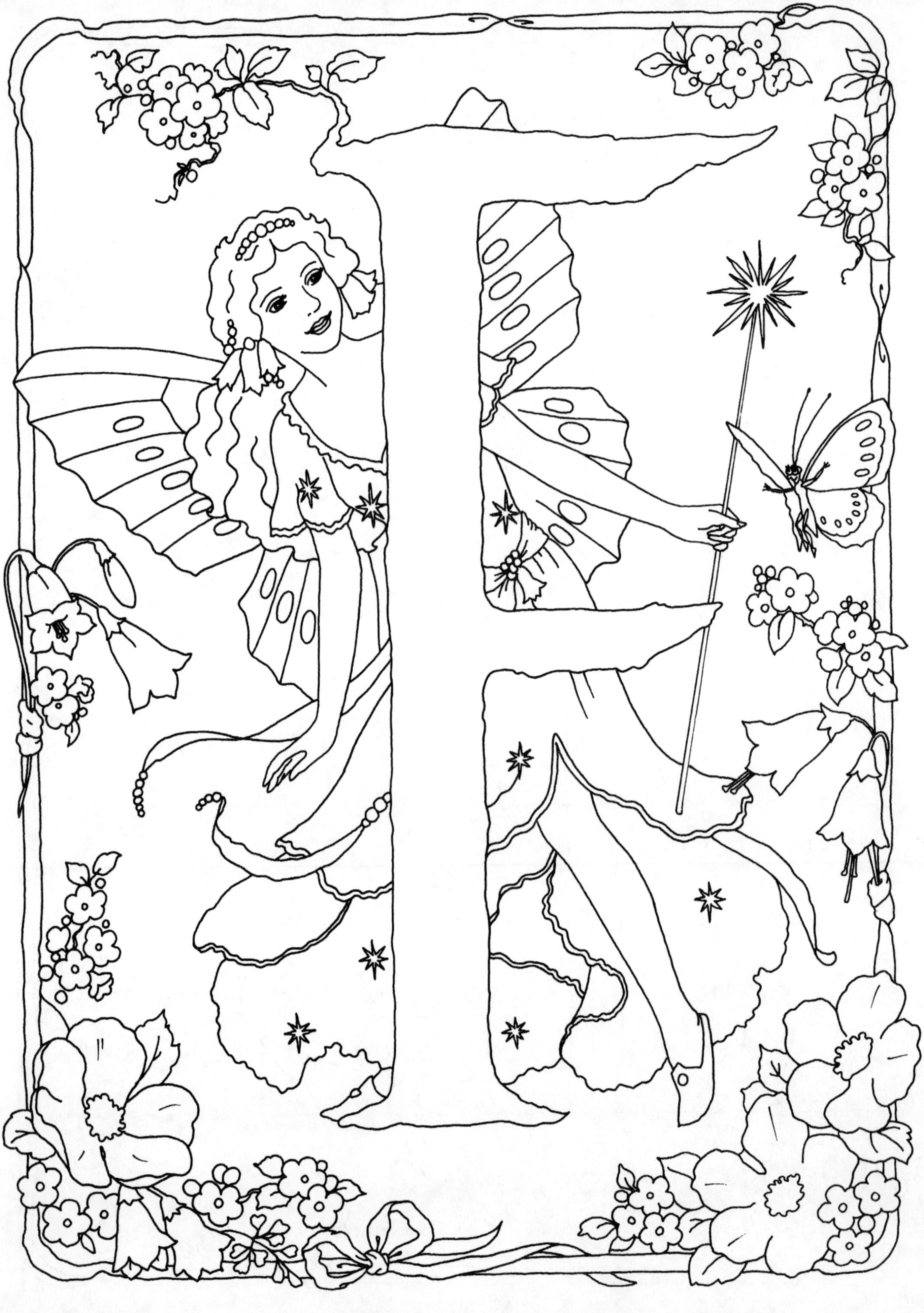

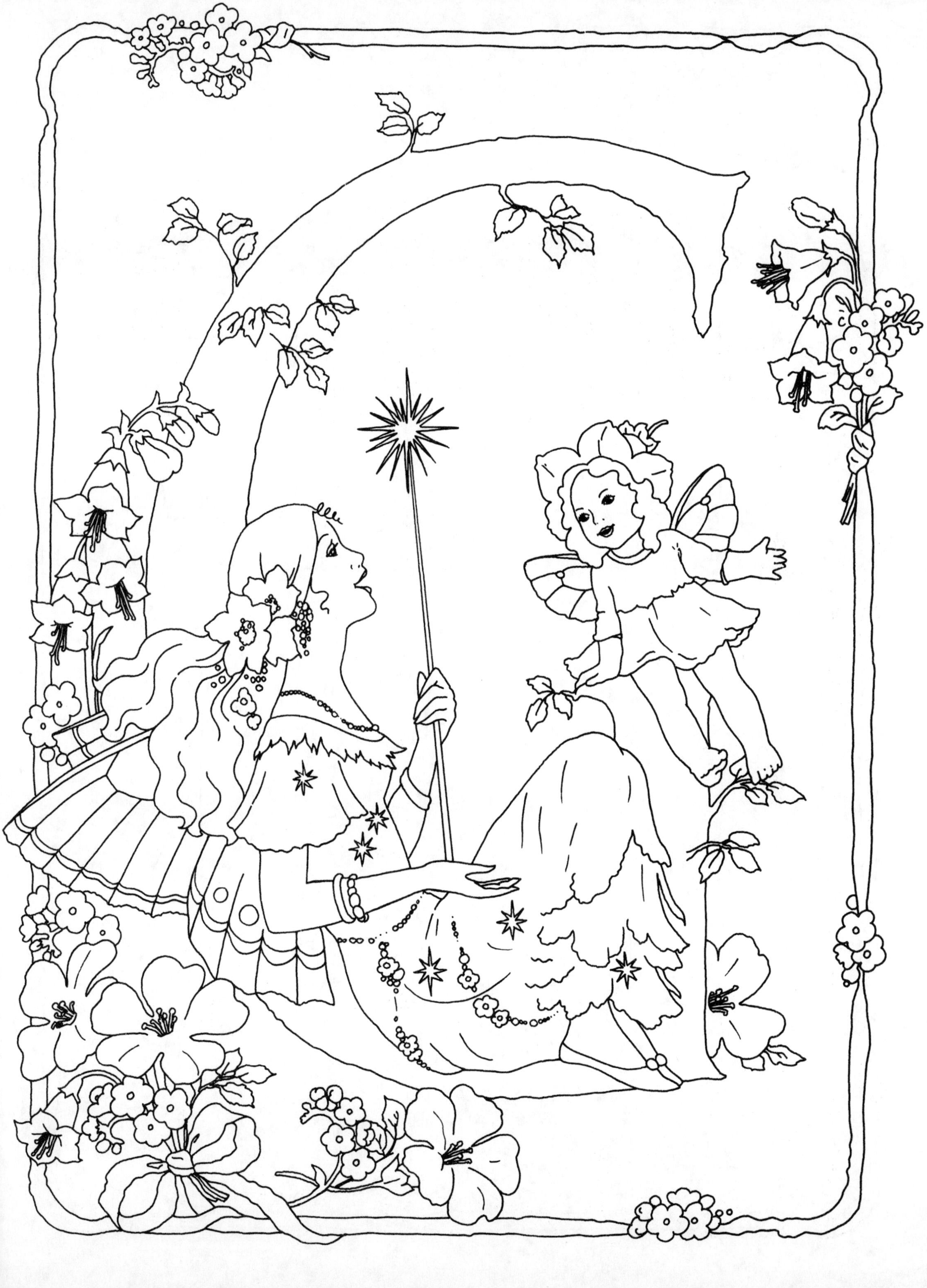

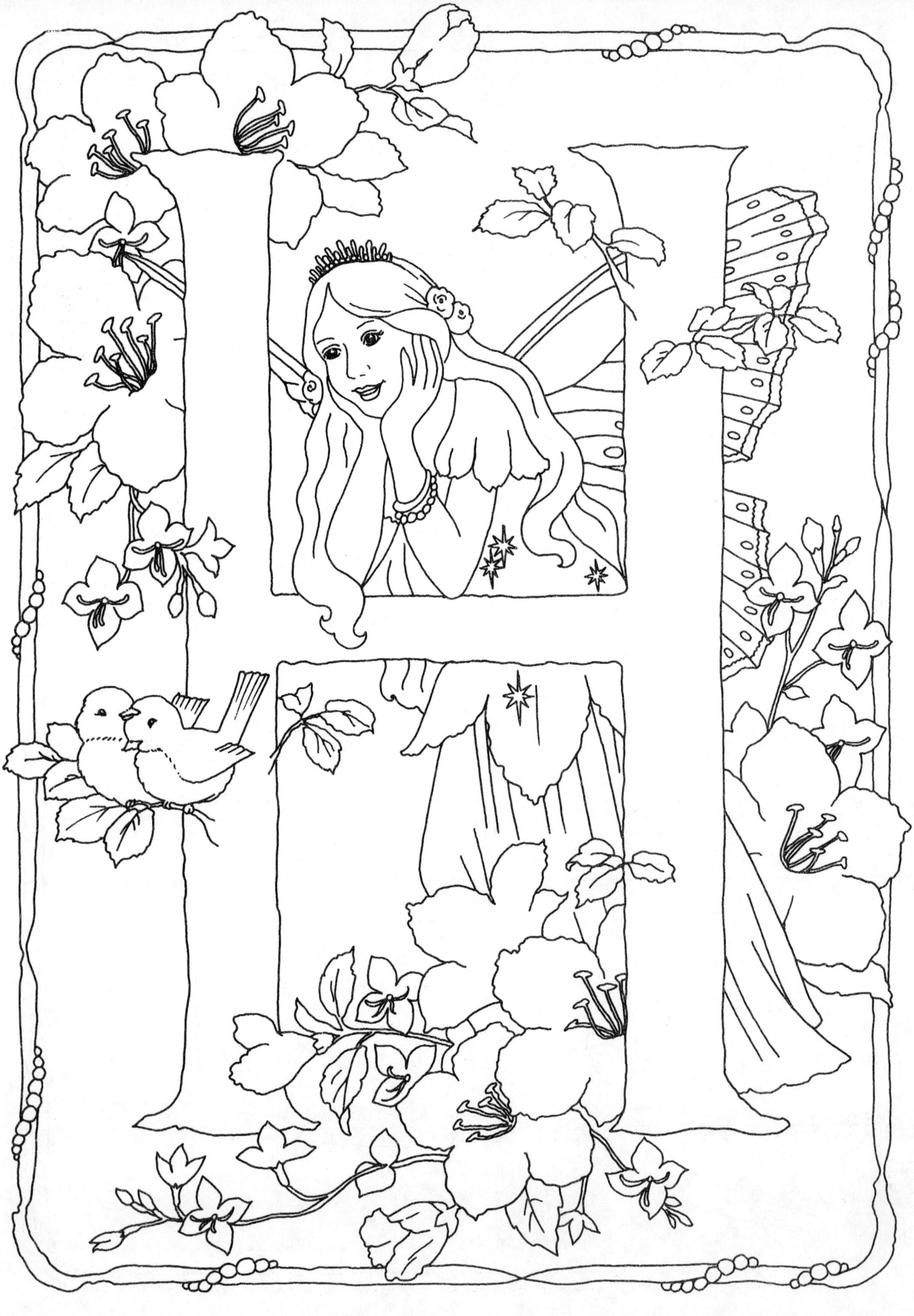

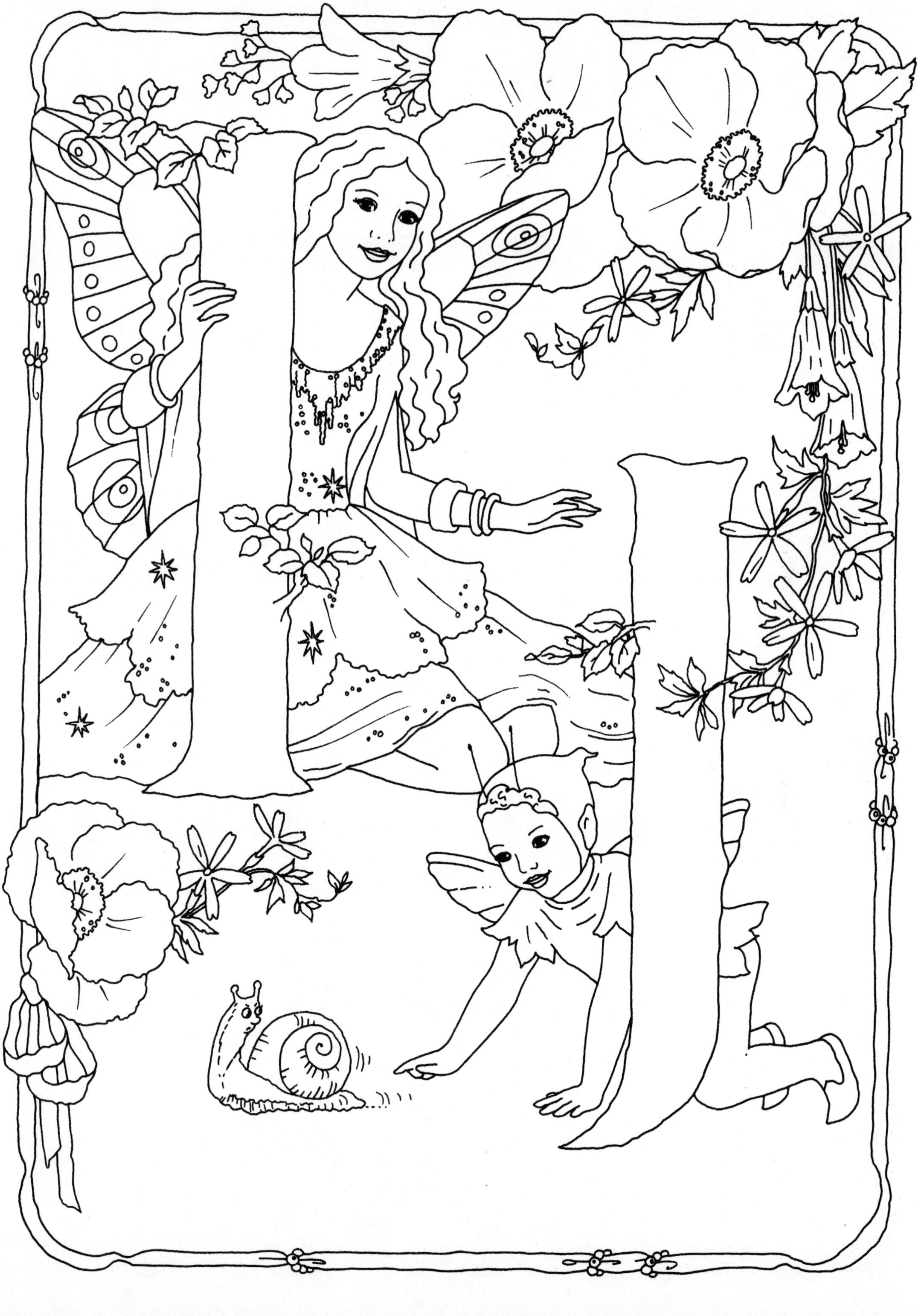

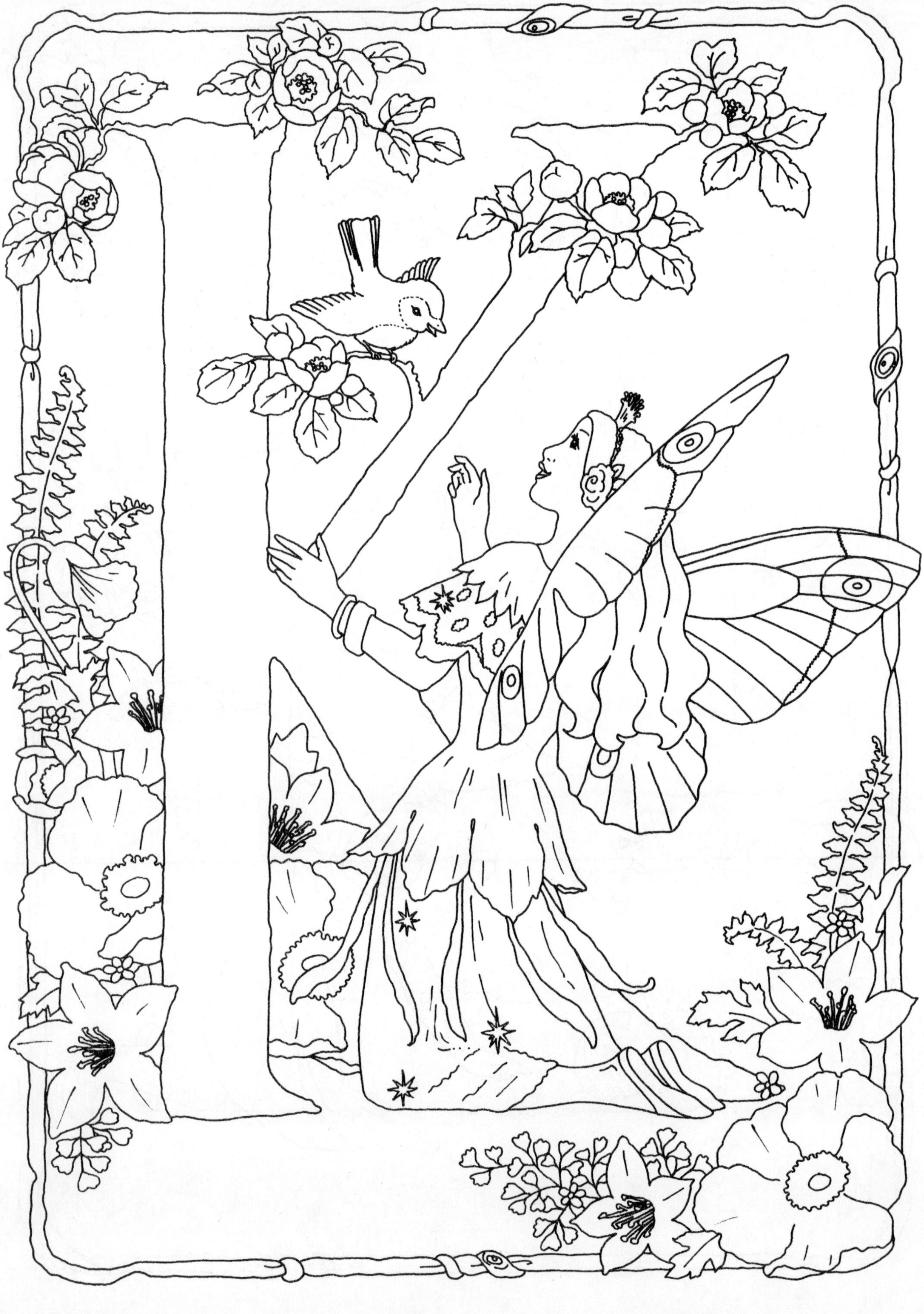

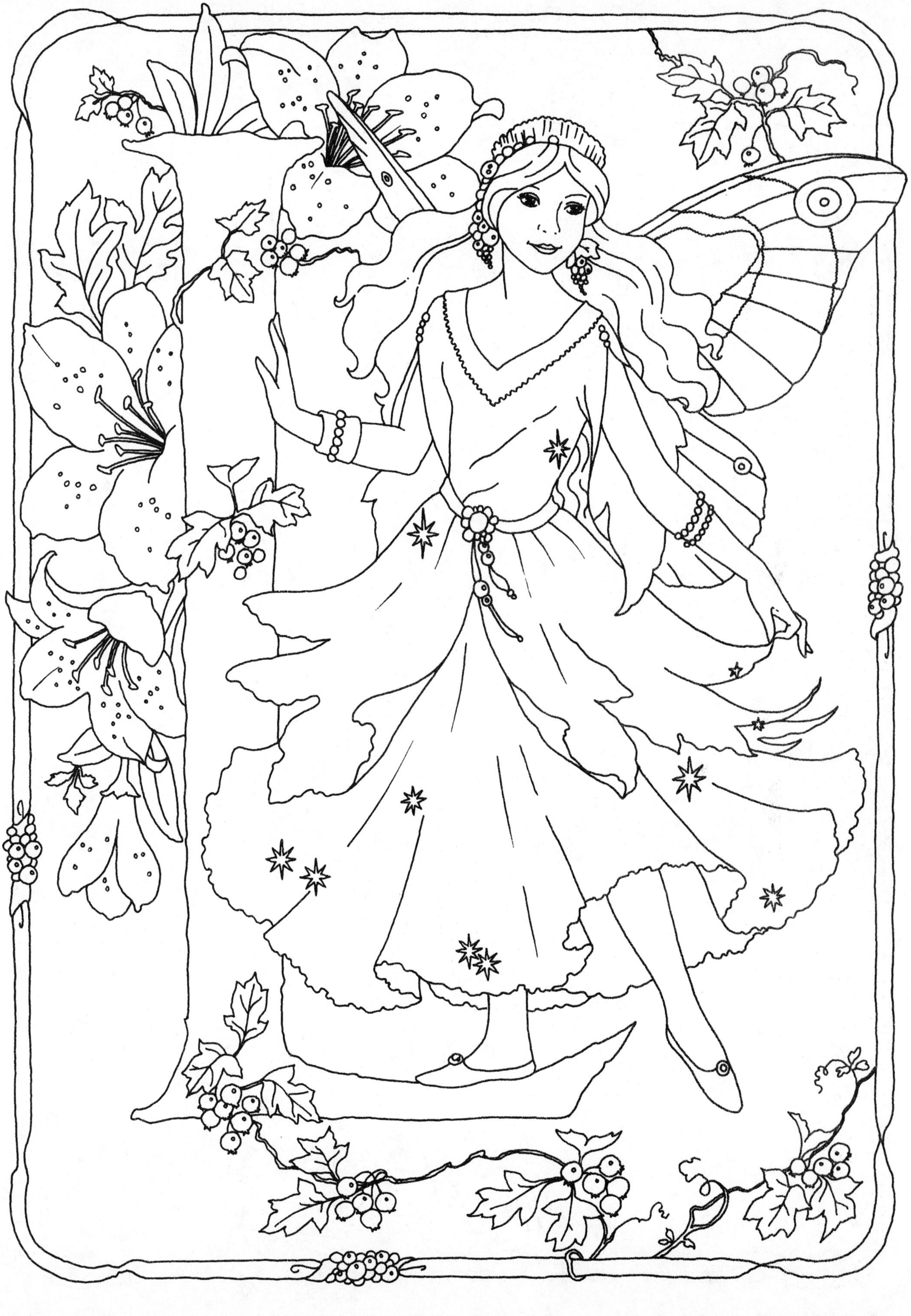

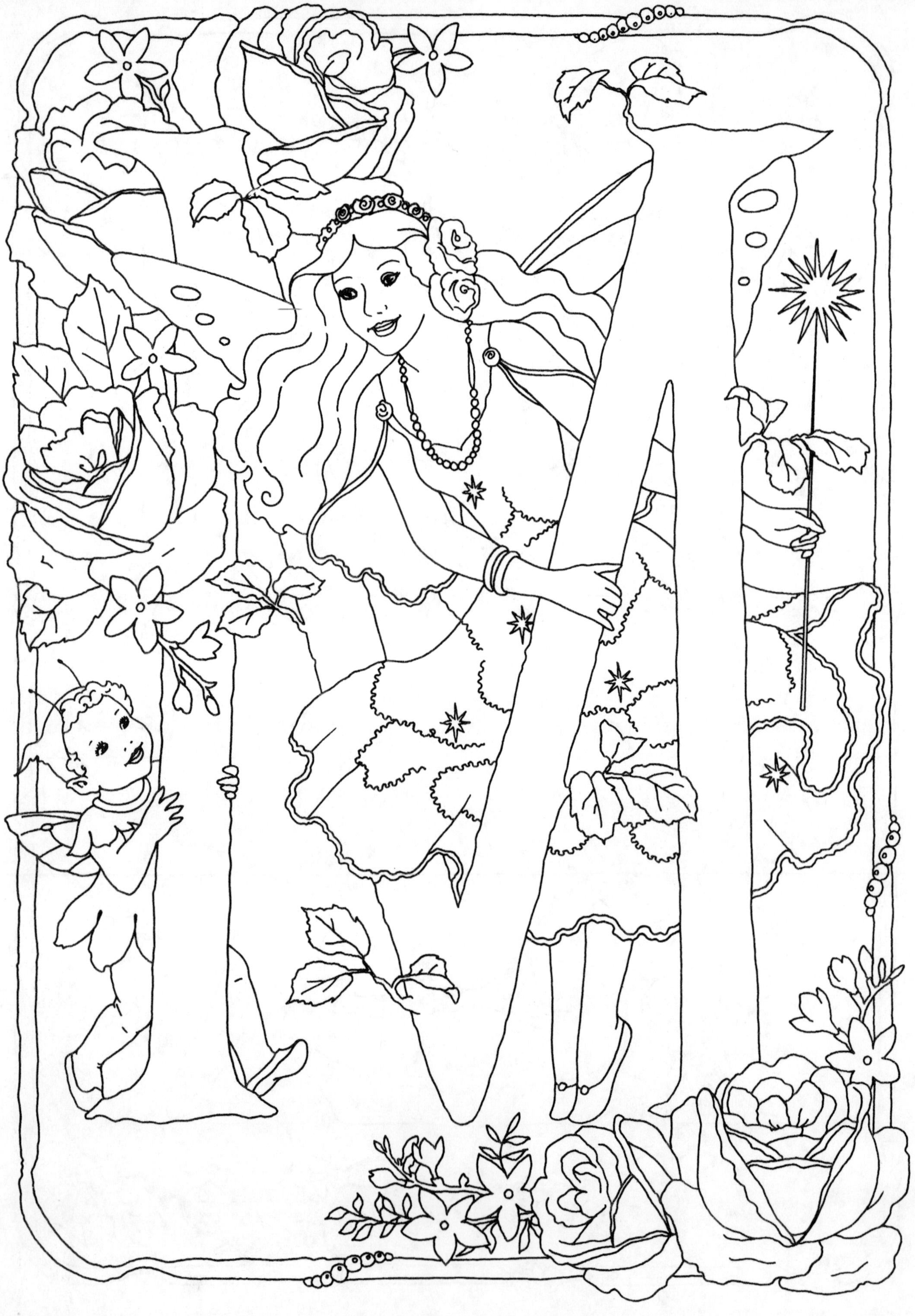

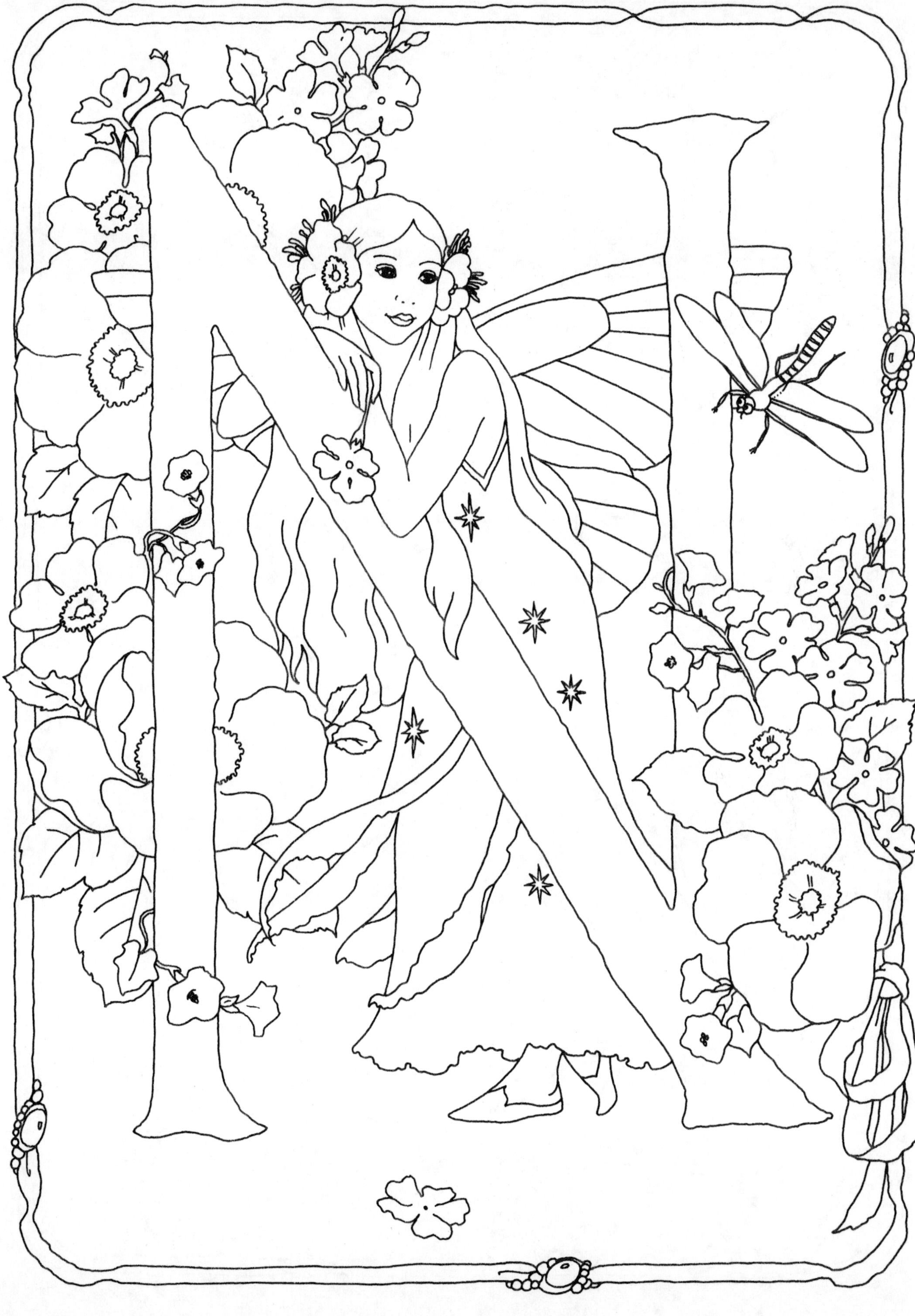

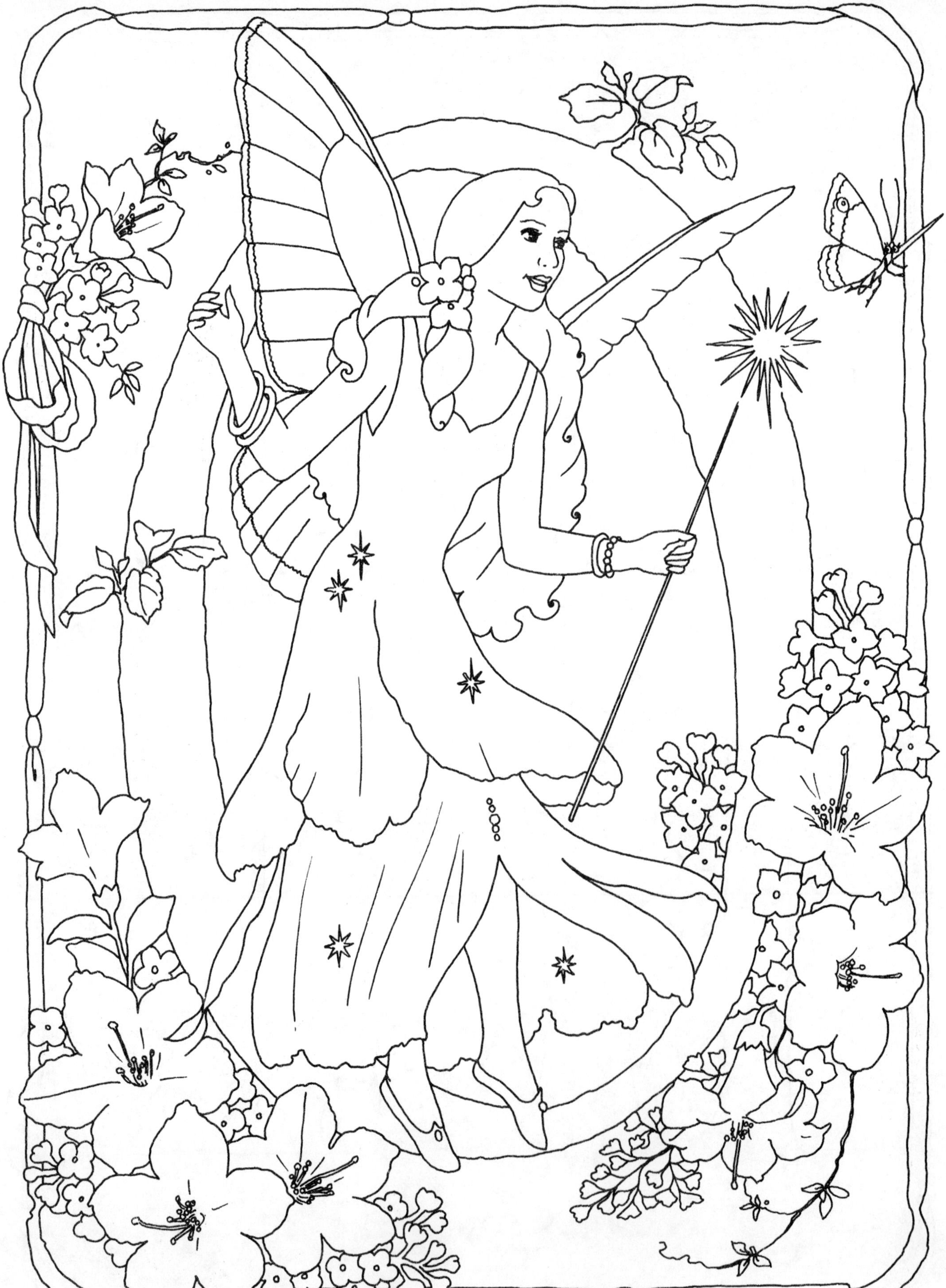

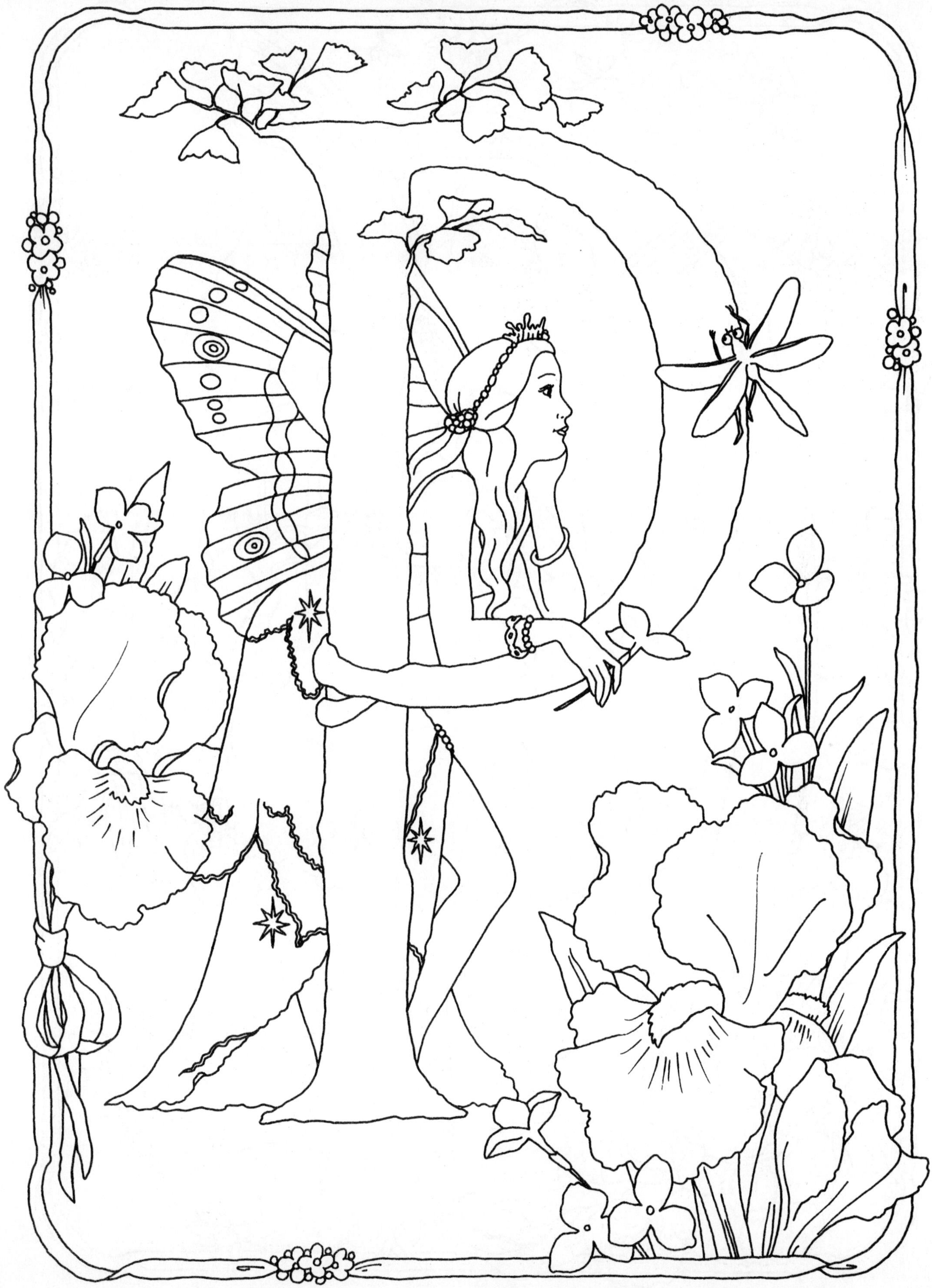

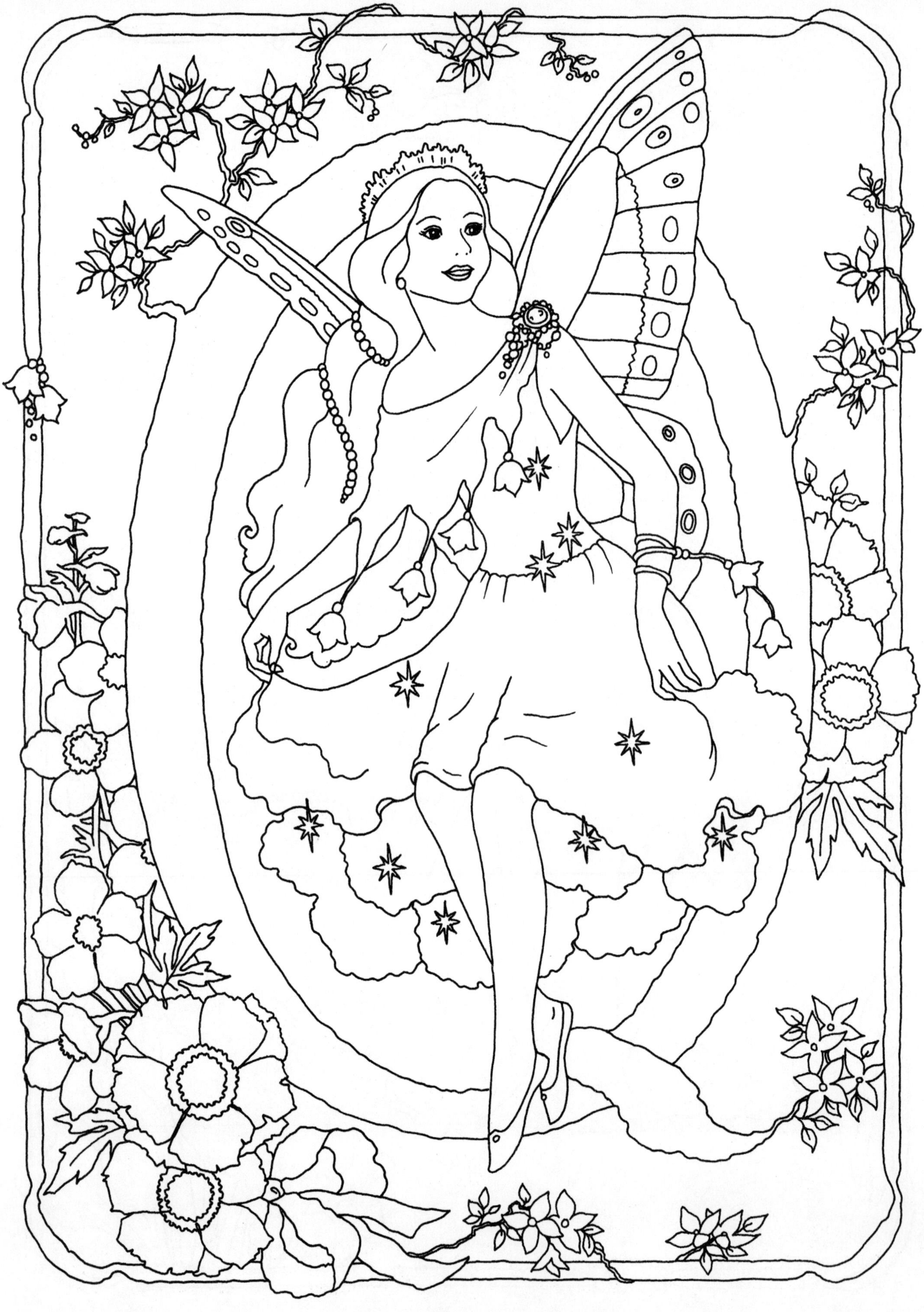

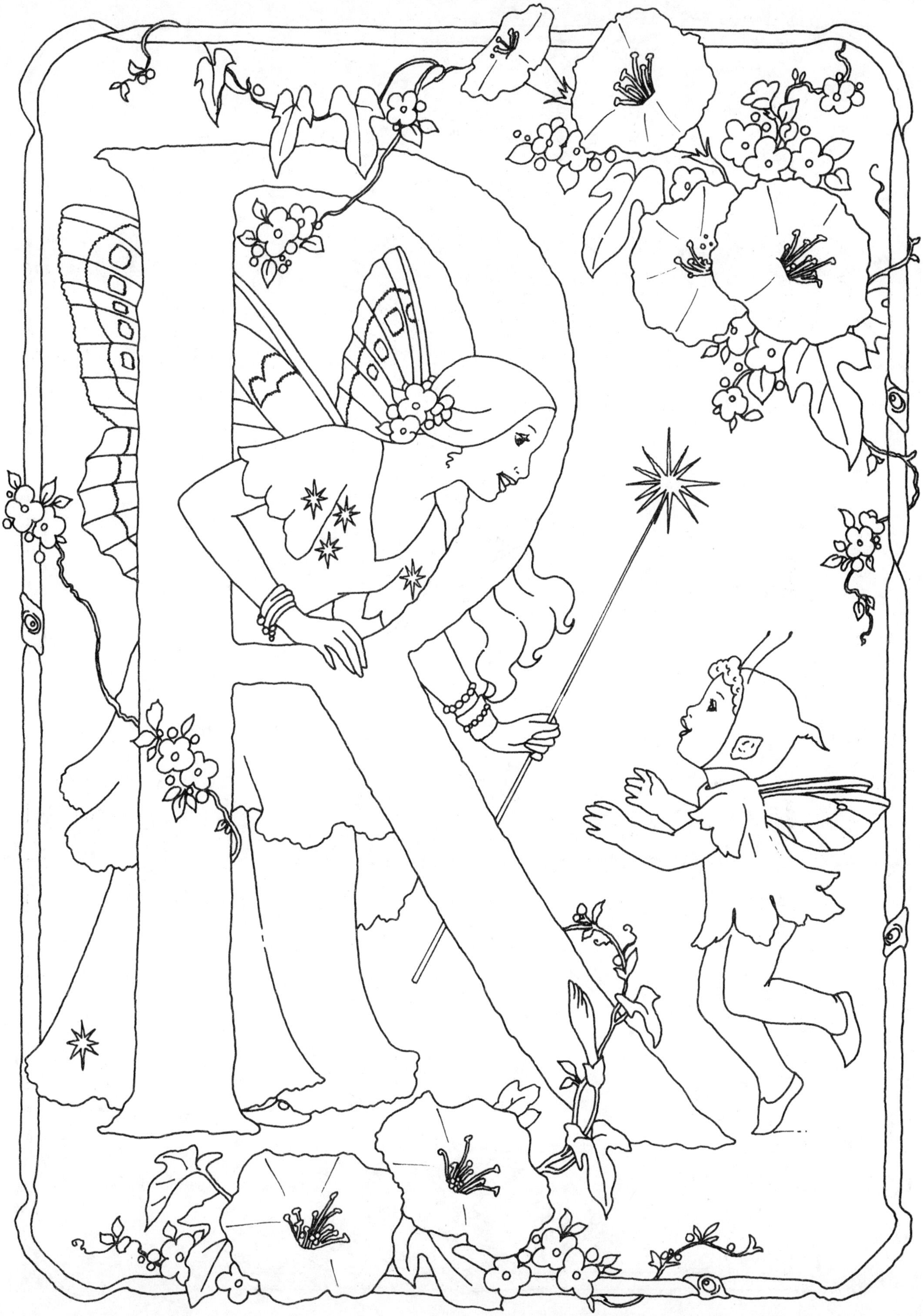

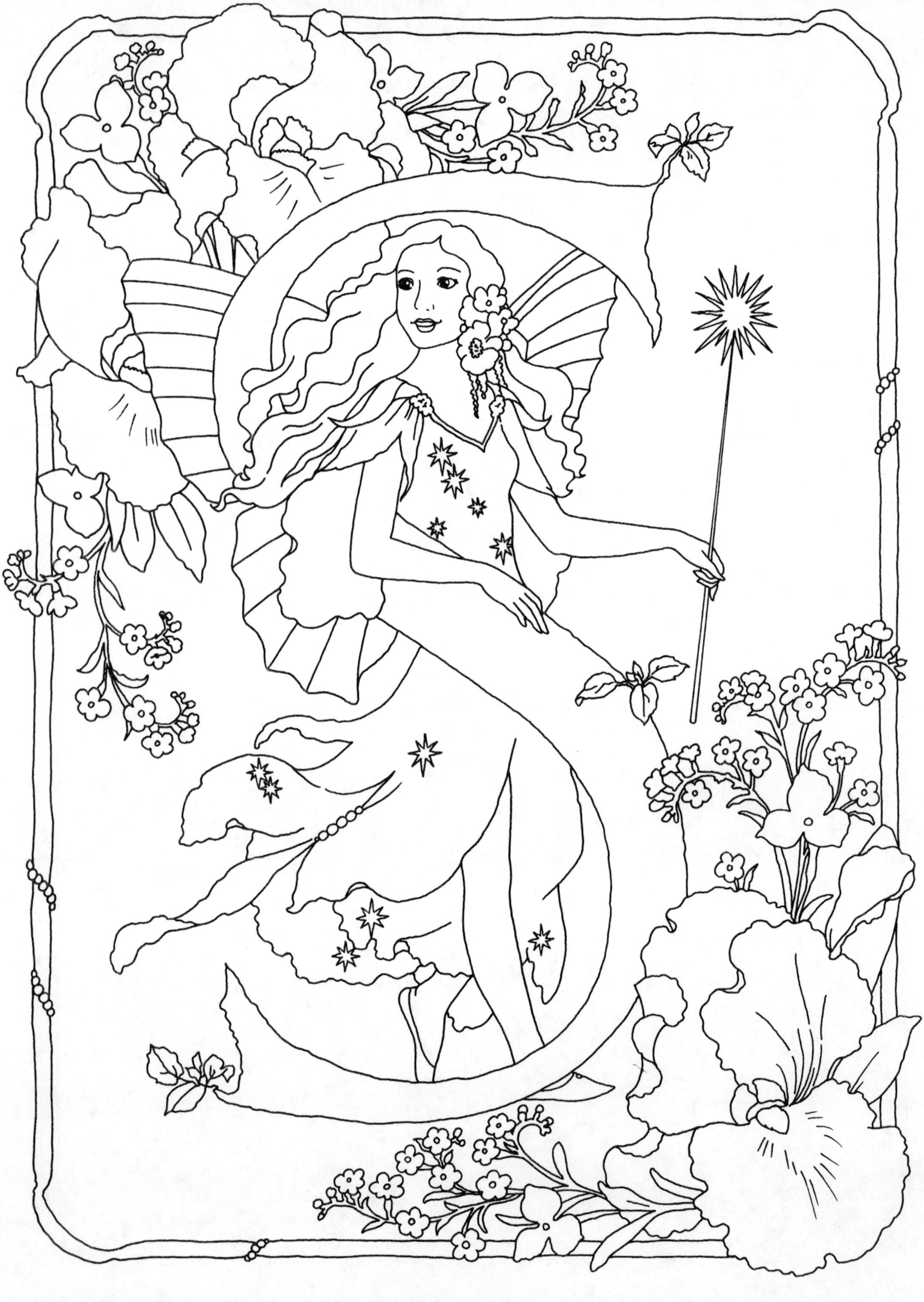

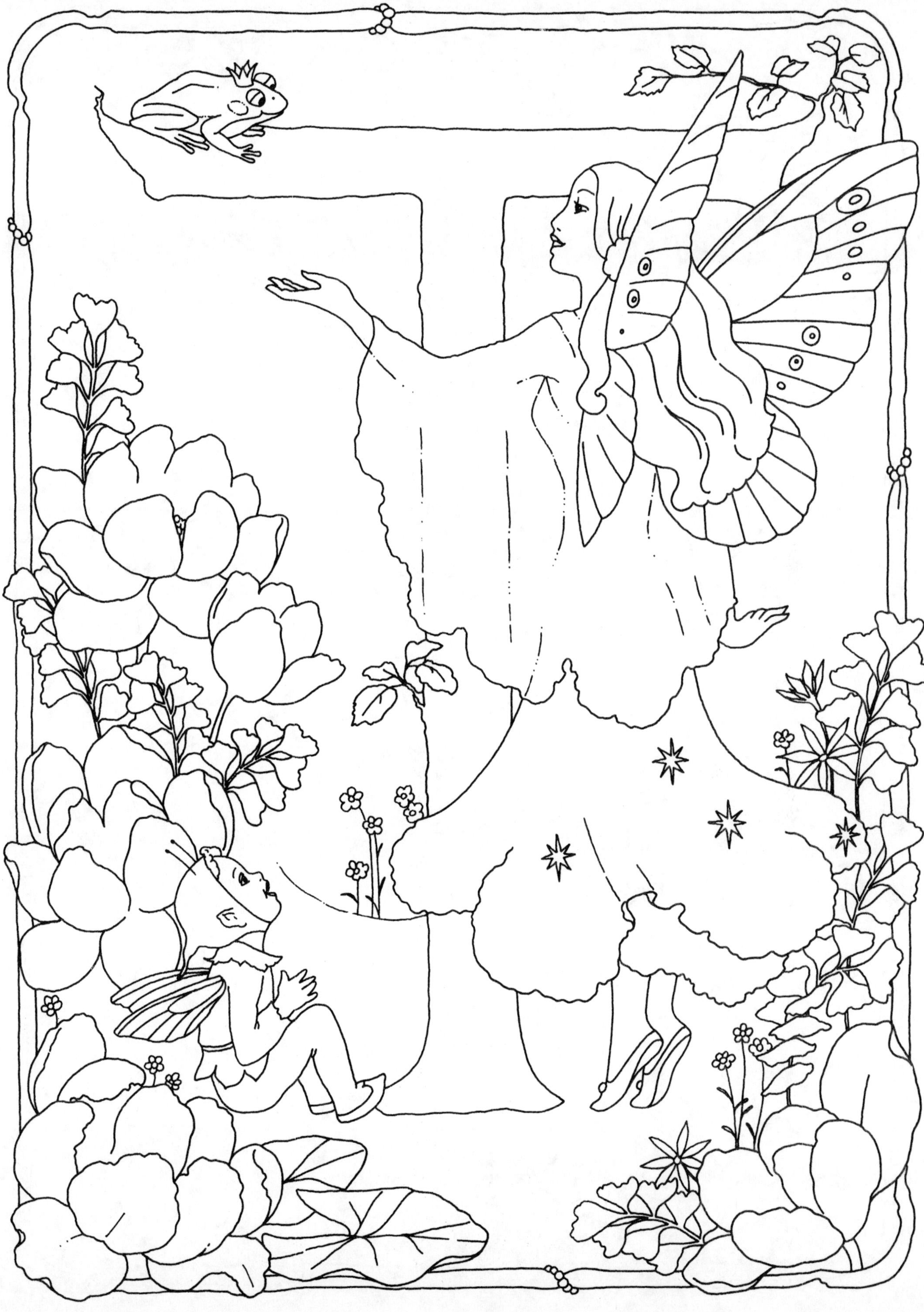

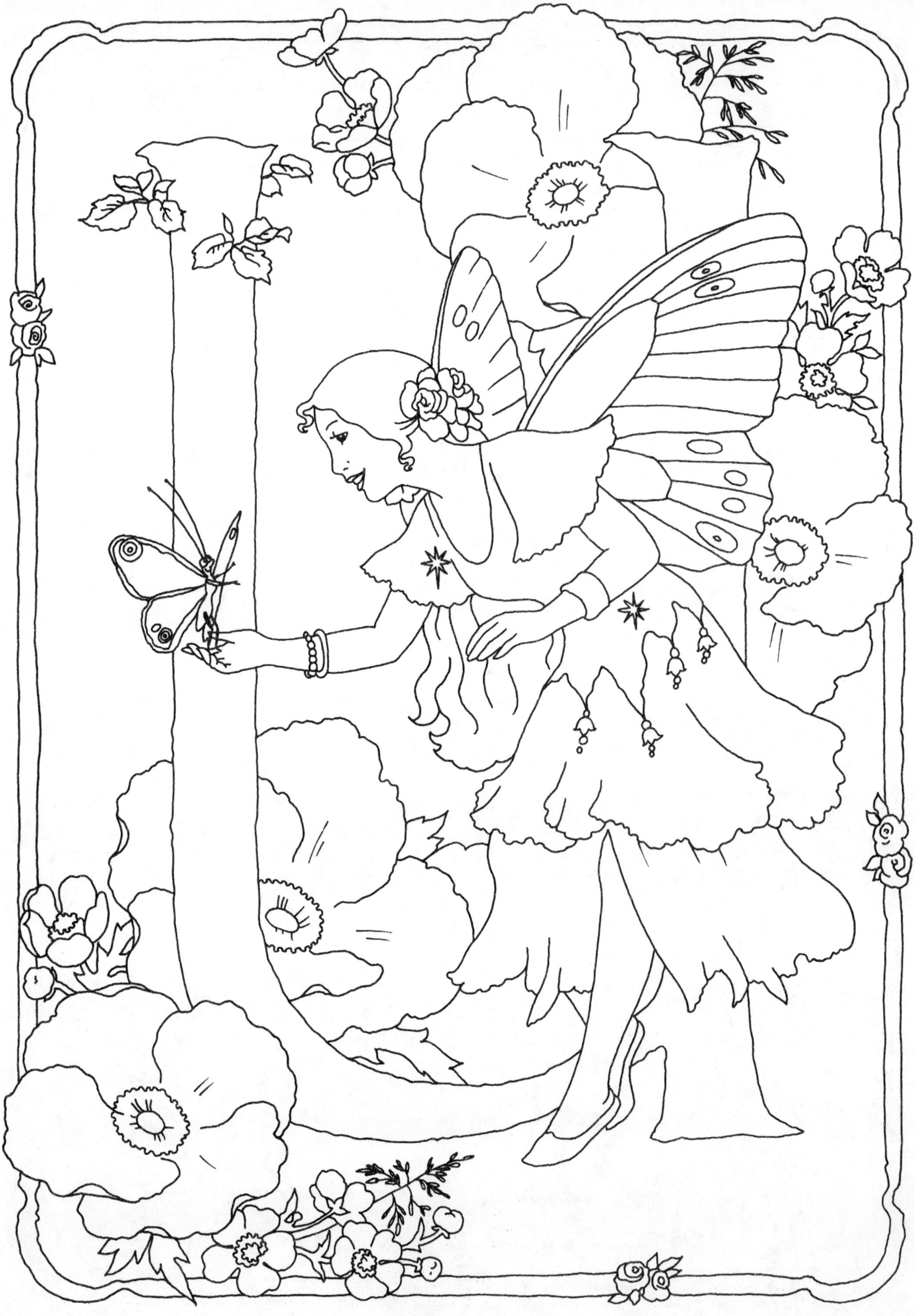

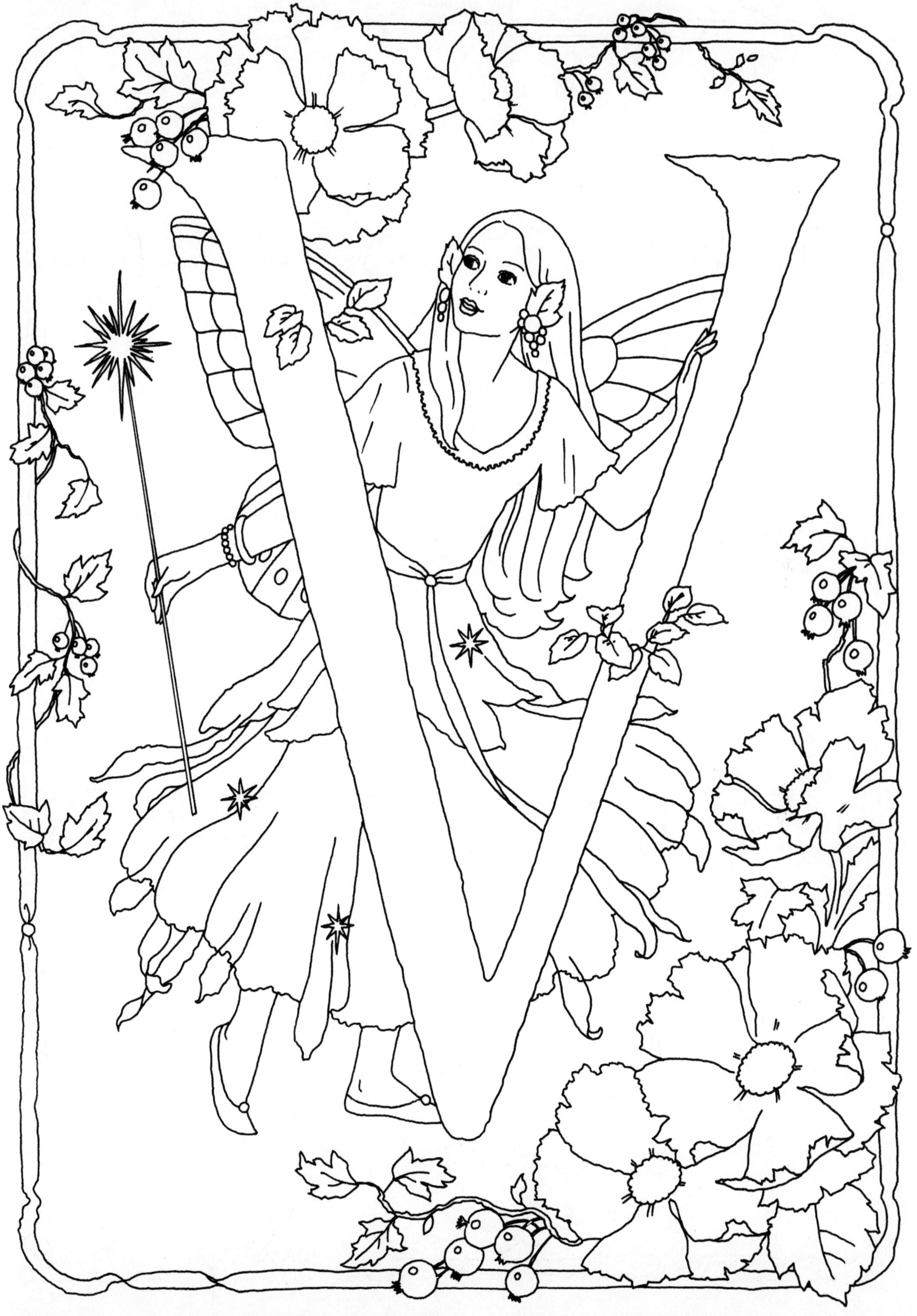

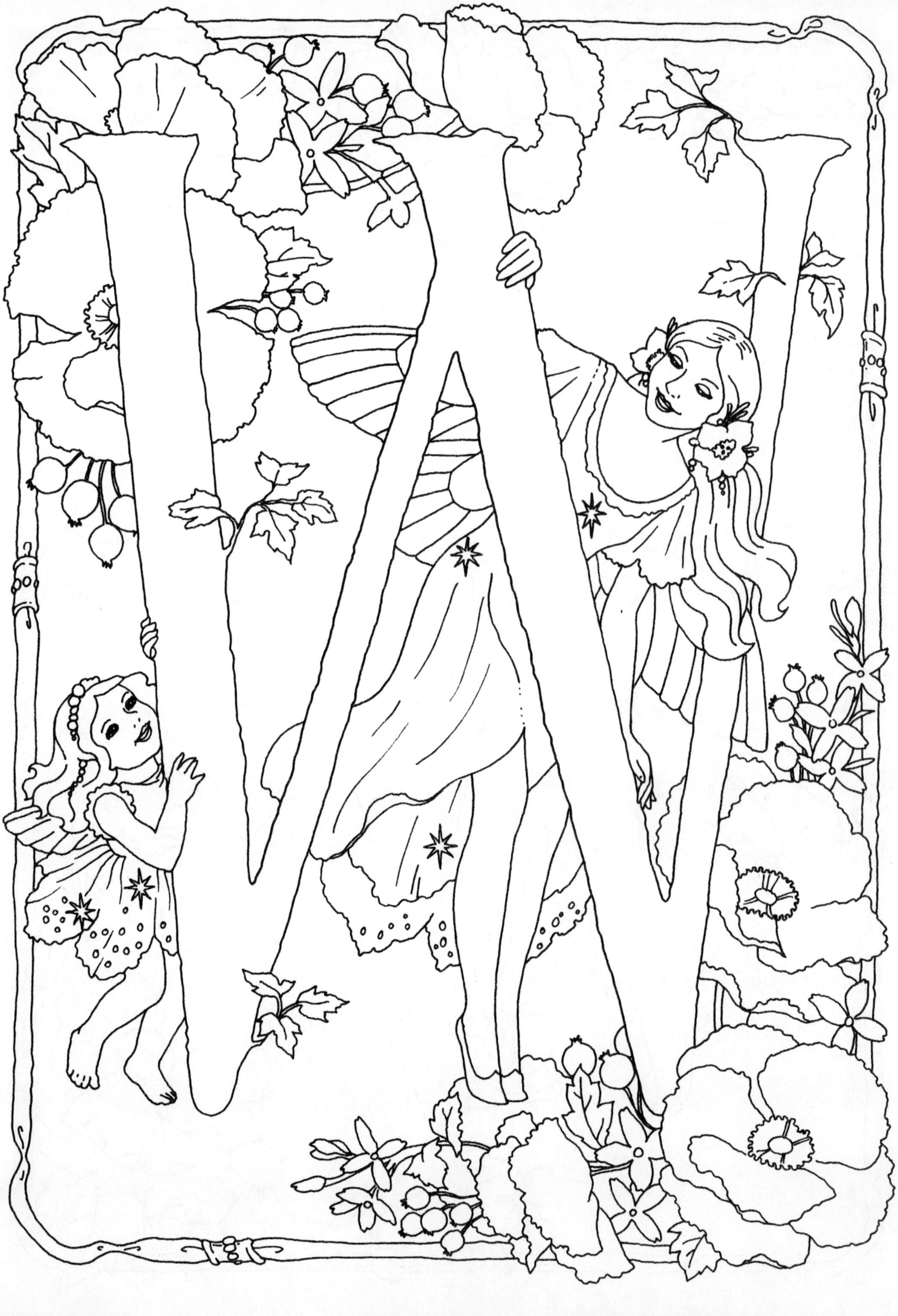

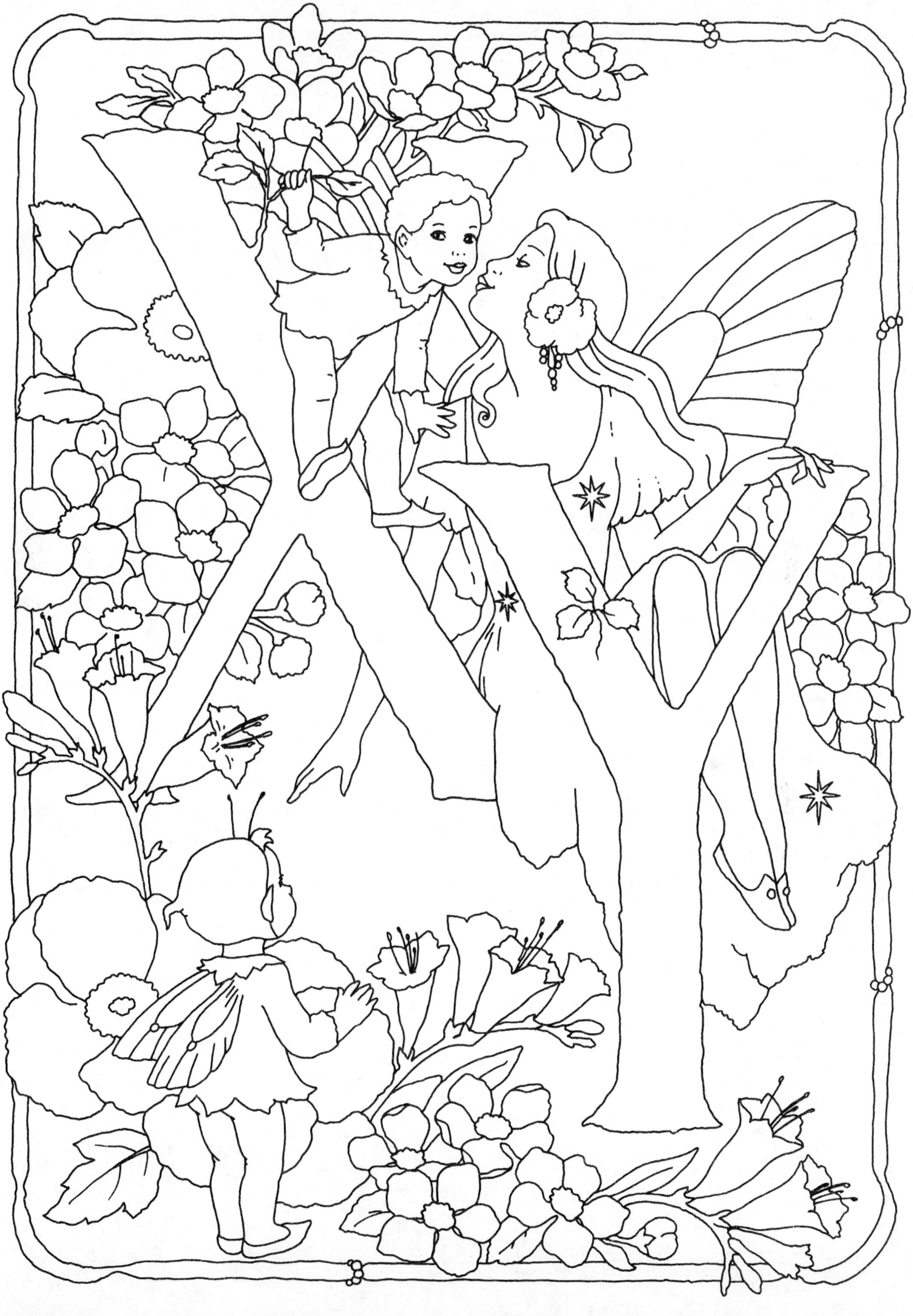

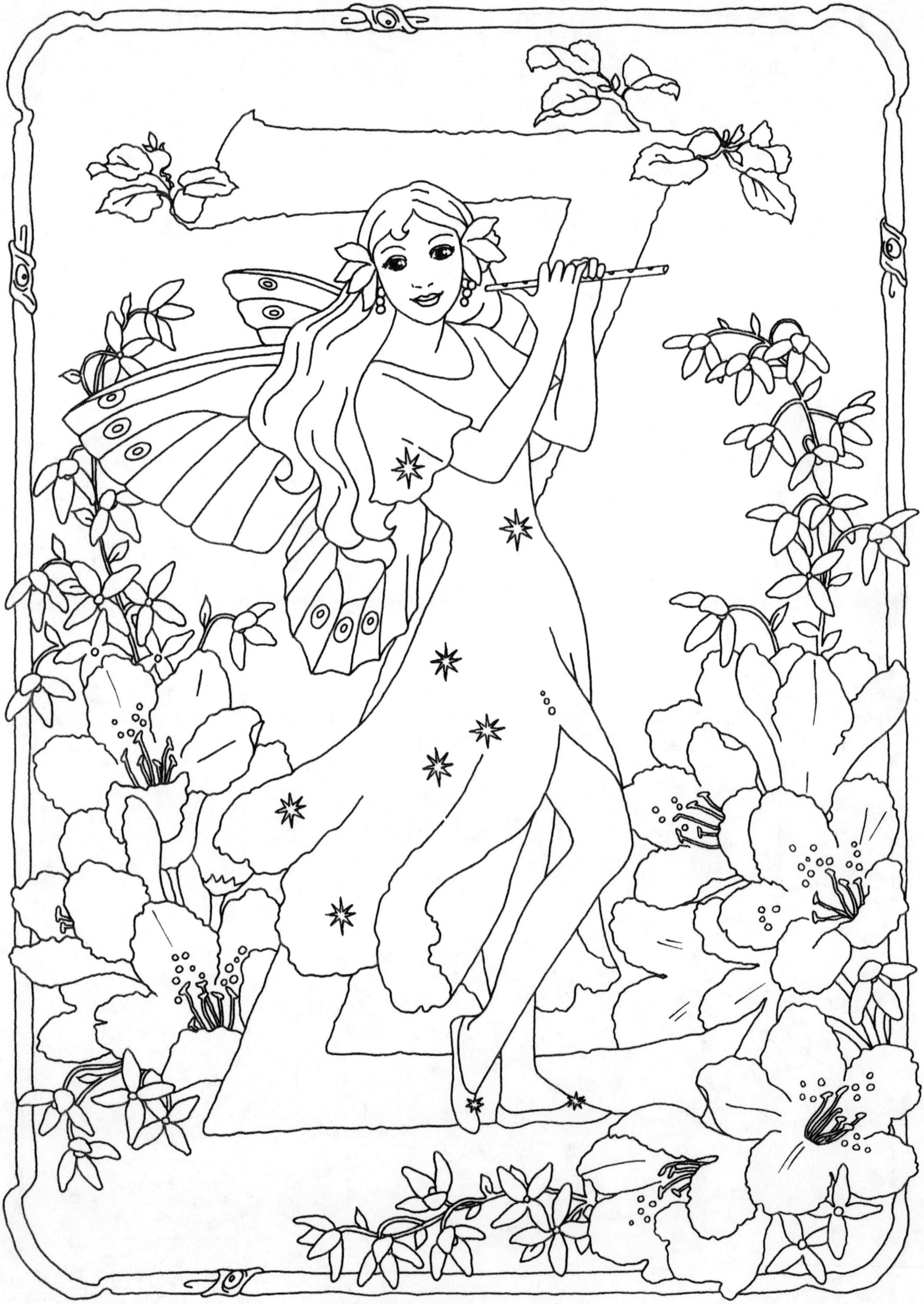